Nagendra Kumar
Khushboo Pachori
Yasharth Shukla

Eficiência energética em RSSF empregando oProtocolo de Ruído Cluster to Head

Nagendra Kumar
Khushboo Pachori
Yasharth Shukla

Eficiência energética em RSSF empregando oProtocolo de Ruído Cluster to Head

ScienciaScripts

Imprint

Any brand names and product names mentioned in this book are subject to trademark, brand or patent protection and are trademarks or registered trademarks of their respective holders. The use of brand names, product names, common names, trade names, product descriptions etc. even without a particular marking in this work is in no way to be construed to mean that such names may be regarded as unrestricted in respect of trademark and brand protection legislation and could thus be used by anyone.

Cover image: www.ingimage.com

This book is a translation from the original published under ISBN 978-620-8-06431-0.

Publisher:
Sciencia Scripts
is a trademark of
Dodo Books Indian Ocean Ltd. and OmniScriptum S.R.L publishing group

120 High Road, East Finchley, London, N2 9ED, United Kingdom
Str. Armeneasca 28/1, office 1, Chisinau MD-2012, Republic of Moldova, Europe
Printed at: see last page
ISBN: 978-620-8-12899-9

RESUMO

As redes de sensores sem fios são o tipo de rede descentralizada e auto-configurável em que os nós sensores podem detetar informações e transmiti-las à estação de base. Devido à sua natureza descentralizada e à sua implantação distante, o consumo de energia é o principal problema das redes de sensores sem fios. Para reduzir o consumo de energia dos sensores sem fios, o agrupamento hierárquico é o tipo de técnica de agrupamento mais eficiente. Neste esquema, toda a rede é dividida em clusters de tamanho fixo e são selecionados chefes de cluster em cada cluster. Os chefes de agrupamento são selecionados com base na energia e na distância em relação à estação de base. O nó sensor que tiver a menor distância da estação de base e a maior energia possível é selecionado como chefe de agrupamento. Os chefes de agrupamento podem comunicar entre si e os dados são transmitidos à estação de base. Neste trabalho de investigação, o protocolo WEMER é implementado e melhorado para aumentar o tempo de vida das redes de sensores sem fios. No protocolo WEMER, toda a rede é dividida em clusters e são selecionados chefes de cluster em cada cluster. Os nós líderes são também selecionados na rede, que recebem os dados dos chefes de agrupamento e os transmitem à estação de base. Na melhoria do protocolo WEMER. Os nós de ligação são instalados na rede para aumentar o tempo de vida das RSSF. No melhoramento proposto, os nós de passagem são instalados perto da estação de base, que recebe os dados dos nós líderes. Os nós líderes recebem dados da cabeça do agrupamento. O protocolo WEMER proposto e o protocolo WEMER são implementados em MATLAB. Os resultados da simulação mostram que o protocolo WEMER proposto tem um menor número de nós mortos, um elevado número de nós vivos, envia um maior número de pacotes e um maior consumo de energia restante.

ÍNDICE

CAPÍTULO 1 5

CAPÍTULO 2 25

CAPÍTULO 3 41

CAPÍTULO 4 42

CAPÍTULO 5 47

CAPÍTULO 6 53

REFERÊNCIAS 54

PUBLICAÇÕES 60

ABREVIATURAS

WSN	Wireless Sensor Network
CTNR	Cluster To Noise Ratio
ADC	Analog to Digital Converter
C3I	Control Command Communication Intelligence
WBAN	Wireless Body Area Network
GAF	Geographic Adaptive Fidelity
MANET	Mobile Adhoc Netwroks
LEACH	Low Energy Adaptive Clustering Hierarchy
CH	Cluster Heads
HEED	Hybrid Energy Efficient Clustering
MAC	Media Access Control
TDMA	Time Division Multiple Access
PEGASIS	Power-Efficient Gathering in Sensor Information Systems
SPIN	Sensor Protocol for Information via Negotiation
DD	Direct Diffusion
GeRaF	Geographic Random Forwarding
BVGF	Bounded Voronoi Greedy Forwarding
TBF	Trajectory Based Forwarding
GEAR	Geographic and Energy-Aware Routing
MIMIO	Multiple In Multiple Out
BS	Base Station
DEEC	Distributed Energy Efficient Clustering

LISTA DE SÍMBOLOS

η	First threshold value to calculate leader node
$dBSmin$	Minimum distance from base station
$dBSmax$	Maximum distance from base station
$Ndeg$	Number of neighbour nodes in present node
$MSDdeg$	Mean distance of all the nodes
dBS	Node distance from base station
$Rmin$	Radius of cluster
KLN	Number of nodes under defined radius
$Mdeg$	Number of leader node
FLN	Volunteer leader node
FCH	Cluster head value
α	First threshold value to calculate cluster head
β	Second threshold value to calculate cluster head
γ	Third threshold value to calculate cluster head
λ	Second threshold value to calculate leader node

CAPÍTULO 1

INTRODUÇÃO

1.1 Introdução às redes de sensores sem fios

Uma RSSF é uma rede que inclui um grande número de nós sensores que são utilizados de modo a que as informações importantes das regiões circundantes possam ser recolhidas e processadas. O tamanho do nó sensor disponível na rede é muito pequeno. Por conseguinte, as capacidades de processamento disponíveis e a bateria disponível são muito limitadas. A recolha de informações é feita a partir do meio envolvente e a sua transmissão é feita posteriormente através da rede, de acordo com as alterações. Esta rede tem várias limitações relacionadas com a computação e o processamento. Os motes referem-se aos modos miniaturizados que recolhem dados das áreas circundantes. Atualmente, a utilização de motes tornou-se bastante comum para diferentes fins. Um conjunto de motes é utilizado para cumprir vários objectivos num domínio de aplicação, recolhendo todos os dados relevantes para os eventos ocorridos nos locais próximos [1]. A conetividade dos motes com outras ligações é estabelecida com base na sua configuração para obter resultados mais satisfatórios. Estes motes utilizam transceptores para comunicar entre si. As redes ad hoc, por outro lado, incluem um número relativamente menor de dispositivos sensores em comparação com as redes de sensores.

Um nó sensor sem fios é composto por quatro unidades. Estas unidades incluem a unidade de deteção, a unidade de processamento, a unidade de comunicação e a unidade de alimentação [5]. Todos os nós são capazes de recolher, detetar e processar dados. Estes nós comunicam com os outros nós da rede através de um canal sem fios. A unidade de deteção é responsável pela deteção do ambiente. A unidade de processamento efectua o cálculo das alterações limitadas dos dados detectados, enquanto a unidade de comunicaçáo transfere a informação processada entre os dispositivos sensores adjacentes. A unidade de deteção é composta por uma variedade de nós sensores, incluindo sensores térmicos, sensores magnéticos, sensores de luz, etc. Na unidade de deteção, os nós sensores calculam os parâmetros do ambiente exterior. Os parâmetros medidos são depois aplicados na unidade de processamento como entrada. A unidade ADC converte os sinais analógicos produzidos pelos nós sensores em sinais digitais. Estes sinais são posteriormente transferidos para o controlador para que possam ser processados. A unidade de processamento representa a unidade principal e significativa do dispositivo sensor. O processador é responsável pela execução de múltiplas tarefas e controla o funcionamento de outros elementos. Na unidade de processamento, é efectuada a pré-programação dos serviços essenciais. Estes serviços são posteriormente inseridos no processador dos dispositivos sensores. As alterações no nível de consumo de energia pelo processador dependem do funcionamento dos dispositivos sensores. A unidade de processamento é o local de cálculo. O resultado obtido é enviado para o sumidouro através da unidade de comunicação. A unidade de comunicação inclui um transcetor simples, que actua como unidade de comunicação. A principal tarefa desta unidade é enviar e receber a informação entre os dispositivos sensores e o sumidouro e vice-versa.

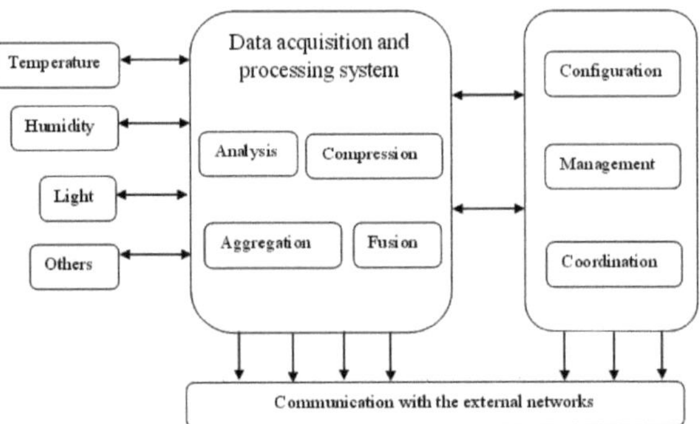

Fig 1.1 Funcionalidade de um nó sensor

As principais caraterísticas do nó sensor que são utilizadas para avaliar o desempenho de uma rede de sensores sem fios são apresentadas em seguida:

i. Tolerância a falhas: Todos os nós equipados na rede têm hipóteses de sofrer avarias. A tolerância a falhas refere-se à capacidade de manter o funcionamento da rede de sensores sem qualquer falha devido à avaria de um nó sensor [2].

ii. Mobilidade dos nós: Uma rede de sensores sem fios permite a livre circulação dos nós no campo de sensores de acordo com o tipo de aplicação, de modo a melhorar a eficácia da comunicação.

iii. Topologia de rede dinâmica: A conetividade entre dispositivos sensores depende de uma topologia padrão. Uma rede de sensores sem fios deve ser capaz de funcionar numa topologia dinâmica.

iv. Falhas de comunicação: Se um nó de uma rede de sensores sem fios não puder partilhar dados com outros nós da rede, esse facto deve ser comunicado sem demora ao nó de ligação ou ao sumidouro.

v. Heterogeneidade dos nós: Os dispositivos sensores instalados numa rede de sensores sem fios podem pertencer a diferentes categorias. Por conseguinte, é necessário que estes dispositivos funcionem de forma solidária.

vi. Escalabilidade: Uma rede de sensores pode ser implantada com uma enorme quantidade de dispositivos sensores. A contagem pode ir até às centenas ou mesmo aos milhares. Por conseguinte, a RSSF construída para redes de sensores deve ser extremamente escalável por natureza.

vii. Independência: Uma rede de sensores sem fios deve ter capacidade suficiente para funcionar sem qualquer estação de controlo centralizada [3].

viii. Programabilidade: Uma RSSF deve ter a capacidade de se reprogramar ou reorganizar para se tornar flexível em relação às mudanças que ocorrem dinamicamente na rede.

ix. Utilização de sensores: A utilização dos sensores deve ser efectuada de modo a que possam ter o melhor desempenho, consumindo o mínimo de energia.

x. Impraticabilidade dos sistemas de criptos de chave pública: De um modo geral, os algoritmos de chave pública não podem ser utilizados devido aos recursos limitados de computação e energia dos dispositivos sensores.

xi. Falta de conhecimento prévio da configuração pós-implantação: Os protocolos não terão o conhecimento do cenário de comunicação entre cada nó quando a implantação de uma rede de sensores é realizada através de alocação aleatória.

1.1.1 Caraterísticas da rede

Atualmente, as redes sem fios são constituídas por numerosas redes, incluindo a rede de comunicações móveis, a WLAN, a rede de Bluetooth, a rede Ad hoc, etc. A rede de sensores tem muitas caraterísticas semelhantes às das redes Ad hoc [4]. A mobilidade, o carácter de comutação e a limitação da potência da bateria são algumas das caraterísticas. A rede de sensores sem fios apresenta algumas caraterísticas típicas em comparação com estas redes sem fios. Estas caraterísticas da RSSF são mencionadas a seguir:

a) Capacidades de computação: O espaço do sensor para o programa e a memória é extremamente restrito devido ao custo limitado, ao tamanho e ao esgotamento da energia da bateria.

b) Energia da bateria: Os nós sensores são frequentemente invalidados e abandonados devido ao esgotamento da bateria. Nessa altura, a conservação da energia da bateria é possível utilizando os protocolos e algoritmos. Os nós que transmitem a informação de dados consomem mais energia do que os nós que implementam a computação. A questão principal está relacionada com a poupança de energia durante o processamento da rede, a fim de aumentar o tempo de vida das RSSF.

c) Capacidades de comunicação: A largura de banda de comunicação da rede de sensores é estreita e variável. O efeito do ambiente natural influencia o sensor.

As tempestades, a chuva, a iluminação, os obstáculos do terreno e o clima estão incluídos neste ambiente natural. A gestão do funcionamento da rede de sensores sem fios é muito complicada. Assim, são necessários software e hardware robustos e tolerantes a falhas para as RSSF.

d) Dinâmico: Quando a bateria se esgota e ocorrem outras falhas, o nó sensor é retirado das redes [5]. Há necessidade de adicionar e mover alguns novos nós sensores para as redes devido à necessidade da tarefa. Como resultado, surgem alterações na topologia da rede. As funções de reconfiguração, dinâmica e auto-ajustamento estão incluídas na topologia das redes de sensores sem fios.

e) Sem centro, auto-organização: A implantação de nós sensores sem fios não necessita de pré-instalar qualquer infraestrutura de rede. O nó sensor, que pode ajustar-se de forma colaborativa para executar e distribuir o algoritmo, pode formar rápida e automaticamente uma rede independente depois de os nós se ligarem. A RSSF é uma rede igualitária.

f) Comunicações multi-hop: Apenas o nó sensor é capaz de comunicar com os seus vizinhos diretos na rede de sensores sem fios. A rota multi-hop é efectuada de modo a que um nó que esteja fora da cobertura da frequência de rádio do nó possa comunicar com outros nós utilizando os nós intermédios. Para isso, nas redes com fios convencionais, são utilizados os gateways e os routers na rota multi-hop. Os nós da RSSF desempenham o papel de colectores e emissores de dados, bem como de encaminhadores de informação.

g) Relevância da aplicação: A rede de sensores sem fios centraliza a recolha de dados, a comunicação multi-hop e o padrão de tráfego muitos-para-um. Existe uma diferença entre as RSSF e as redes convencionais, uma vez que as RSSF dependem das aplicações. A obtenção de dados sobre o ambiente é o seu principal objetivo.

1.1.2 Questões e desafios na conceção de RSSF

A construção de RSSF apresenta vários desafios. Alguns dos principais desafios que surgem durante a conceção das RSSF são discutidos a seguir:

i. As redes de sensores não seguem uma topologia normalizada. Isto deve-se ao facto de os nós sensores estarem dispersos em diferentes locais durante a implantação destas redes.

ii. Estas redes têm um número finito de recursos, tais como:

- Memória fixa

- Capacidade computacional limitada

iii. Pertence à categoria das configurações raramente disponíveis. Para além disso, a manutenção destas redes não é nada fácil.

iv. Um problema importante que ocorre durante a conceção das RSSF é a comunicação não fiável. Alguns exemplos incluem:

- Transmissão de dados não fiável

- conflitos e atrasos

v. Os nós sensores permanecem dependentes da bateria para as suas necessidades energéticas. Não é possível recarregar e substituir estas baterias. A conceção do hardware do dispositivo sensor é também uma área de grande preocupação.

vi. Há algumas tarefas que não são muito consideradas durante a conceção das RSSF. Estas tarefas incluem:

- Vulnerável a intrusões físicas

- Controlo a partir de estações distantes

- Ausência de um posto de controlo centralizado

vii. A sincronização dos nós apresenta mais um problema.

viii. Alguns problemas comuns de conceção são a falha de nós, as variações de topologia e a adição e erradicação de nós.

ix. A segurança das RSSF é uma grande preocupação devido à sua natureza de difusão e à atmosfera de confronto.

x. Os nós sensores têm de ser selecionados de acordo com a sua capacidade computacional, com base no tipo de aplicação.

1.1.3 Aplicações de rede

O principal objetivo dos nós sensores numa RSSF é monitorizar os parâmetros ambientais. Estes são mais vantajosos do que os sistemas tradicionais de rede com fios. O custo global e os atrasos não podem ser completamente minimizados. Alguns domínios de aplicação populares que utilizam esta tecnologia são abordados a seguir:

a. Monitorização ambiental.

As aplicações ambientais que necessitam de uma monitorização incessante do ambiente circundante em locais perigosos e distantes podem ser melhoradas através da utilização de redes de sensores sem fios [6]. As aplicações ambientais das RSSF podem ser classificadas em diferentes categorias, incluindo a monitorização do ar, o alerta de emergência, etc. Descrevem-se em seguida algumas aplicações ambientais populares das RSSF:

• Monitorização do habitat: O estado do gado ou das plantas pode ser monitorizado com a ajuda de sensores. Além disso, os nós de sensores implantados numa determinada área podem recolher informações sobre os residentes de outros locais.

• Monitorização da qualidade do ar ou da água: Existem algumas regiões principais nas quais são instalados nós sensores para monitorizar a qualidade do ar e da água. Por exemplo, a monitorização regular da água é efectuada em algumas áreas que enfrentam a escassez de água. As RSSF também ajudam a monitorizar a qualidade do ar para que a poluição atmosférica se mantenha dentro dos limites.

• Monitorização de perigos: Em aplicações genéticas ou orgânicas, os nós sensores podem monitorizar eficazmente algum tipo de emergência.

• Monitorização de catástrofes: É possível instalar uma RSSF para monitorizar uma calamidade natural ou artificial. Depois de monitorizarem a situação, estas redes enviam informações às autoridades competentes. Por exemplo, a distribuição de nós sensores é efectuada em toda a floresta para detetar qualquer tipo de incêndio florestal ou inundações. O epicentro e a escala de um terramoto podem ser descobertos para salvar vidas humanas valiosas.

b. Aplicações militares.

A contribuição da tecnologia de sensores sem fios é enorme em aplicações militares ou de telecomunicações. A facilidade de implantação e a natureza auto-configurável tornam estas redes tolerantes a falhas em situações de emergência. É igualmente possível implementar sistemas C3I nestas redes. A utilização destas redes nos campos de batalha reduz a necessidade de mais soldados. Estas redes podem ajudar a melhorar a estrutura militar existente. Algumas aplicações militares comuns das RSSF são:

• Monitorização do campo de batalha: No campo de batalha, são instalados muitos dispositivos sensores para permitir a monitorização contínua das forças armadas e dos veículos militares. Estes nós monitorizam de perto o movimento de todos os veículos militares para recolher todas as informações sobre a sua atividade.

• Proteção de objectos: Os dispositivos sensores também contribuem significativamente para a proteção de diferentes áreas. Estes dispositivos monitorizam continuamente objectos sensíveis para servir alguns objectivos específicos.

• Orientação inteligente: A sincronização entre os veículos automáticos, os tanques militares e os mísseis deve ser mantida para contrariar um ataque lançado pelo inimigo. Nestas situações, estas redes desempenham um papel importante [7].

• Deteção remota: Os nós sensores podem ser instalados em determinados locais para detetar qualquer tipo de armamento químico ou nuclear. Desta forma, estas redes podem evitar eficazmente qualquer tipo de ataque antes da sua ocorrência.

c. Aplicações de cuidados de saúde.

No domínio dos cuidados de saúde, as redes de sensores sem fios utilizam sensores médicos progressivos para monitorizar o doente numa aplicação de cuidados de saúde, como um hospital ou no domicílio do doente. Estas redes também efectuam a monitorização em tempo real do estado dos doentes com a ajuda de hardware vestível. Algumas aplicações populares das RSSF no domínio da saúde são:

• Monitorização do comportamento: Nesta aplicação, os nós sensores são colocados em casa do doente para monitorizar o seu estado. Os seres humanos saudáveis também podem monitorizar o seu estado de saúde com a ajuda destas redes. Estas redes podem enviar mensagens de aviso aos médicos em caso de emergência. Os sensores enviam lembretes aos doentes depois de monitorizarem as suas actividades.

• Monitorização médica: As WBAN são instaladas em casa de pessoas idosas para permitir o controlo do seu estado de saúde. Estas redes são instaladas em hospitais ou em muitas outras estruturas para manter um controlo adequado de todos os doentes. Assim, o tratamento de um doente é efectuado em função do seu estado de saúde. Em caso de urgência, são enviadas mensagens de alerta aos médicos. Além disso, estas redes ajudam a manter a base de dados dos doentes para acompanhar qualquer evolução do seu estado de saúde.

d. Controlo de processos industriais.

A implantação de RSSF torna viável o fabrico de dispositivos e os cenários necessários para a criação desses dispositivos. Do mesmo modo, as RSSF dão apoio à monitorização e ao controlo das tarefas de fabrico nas aplicações de montagem e construção. A utilização de nós sensores em refinarias de petróleo é bastante comum para controlar o estado dos canais de petróleo. As partes das máquinas inacessíveis aos seres humanos não podem ser monitorizadas manualmente. Após a deteção de um defeito, é possível implementar medidas de precaução. A fim de evitar mais falhas, a implantação de nós sensores é efectuada para controlar o estado das máquinas. De um modo geral, uma máquina é examinada após um determinado período de tempo, uma vez estabelecido um calendário. Este processo é importante para manter a eficiência do dispositivo. Estas estruturas são bastante dispendiosas por natureza. A utilização de RSSF nesta aplicação ajuda a preservar o componente com base no tipo de aplicação. A manutenção pode ser reduzida em grande medida, o que, por sua vez, aumenta o tempo de serviço dos componentes.

e. Segurança e vigilância.

As RSSF implantadas nestas aplicações dão um contributo substancial. Do mesmo modo, a implantação de sensores acústicos ou de vídeo é efectuada em diferentes estruturas e aplicações subaquáticas para efeitos de recolha de dados valiosos. A implantação de RSSF para segurança e vigilância ajuda a detetar e a seguir um atacante. Para evitar uma avaria, estas instalações aplicam muitas medidas de segurança [8]. Além disso, estas redes podem ser instaladas em qualquer lugar devido ao seu carácter dinâmico.

f. Home Intelligence.

O início das RSSF em aplicações domésticas ajuda a aumentar o conforto e a facilitar um cenário de vida inteligente. Seguem-se as aplicações populares de inteligência doméstica das RSSF:

• Casa inteligente: É possível criar uma rede independente dentro de casa, colocando sensores sem fios. Da mesma forma, é possível preparar um menu com a ajuda dos produtos disponíveis no congelador, estabelecendo uma ligação direta entre o congelador inteligente e as placas de cozinha inteligentes.

• Medição remota: Uma rede de sensores sem fios tem de ser instalada de forma a que a leitura dos contadores de serviços públicos também possa ser lida a partir de um local distante. Do mesmo modo, o sensor pode ser utilizado para ler as leituras de diferentes fontes de abastecimento a partir de um local distante. Estas leituras são posteriormente transmitidas ao cliente através de um canal sem fios.

1.2 Consumo de energia em RSSF

As baterias miniaturizadas são utilizadas para alimentar os sensores WSN juntamente com abordagens de produção de energia. Estes sensores são geralmente instalados em cenários topológicos perigosos. As técnicas de produção de energia são adoptadas porque a substituição da bateria não é uma solução. Quando uma rede de sensores sem fios utiliza apenas uma bateria, isso afecta toda a vida útil da rede. Isto também torna a arquitetura e a organização competentes das redes de sensores sem fios uma área de confronto. Devido à limitação do fornecimento de energia, foram inspirados vários desenvolvimentos em todas as camadas do grupo de protocolos das redes de sensores sem fios. A conceção de redes como a Internet e a OSI, conhecida principalmente como modelos operacionais, está estruturada em camadas. Nesta conceção de rede, a camada inferior presta serviços à camada superior, tal como a camada de aplicação presta serviços aos utilizadores finais [9]. O desempenho de uma rede é sempre avaliado com base em vários factores de qualidade, como o jitter, a acessibilidade, o atraso, a segurança, o débito, a fiabilidade, etc. Devido à indisponibilidade de um modelo alargado que tenha em conta o consumo de energia, a estimativa e a extensão da rede tornam-se uma tarefa difícil.

Os programadores têm como principal objetivo a conceção de redes convencionais e tentam minimizar um módulo específico de uma camada individual. Eles pensam que, sem considerar as outras camadas ou componentes, todo o consumo de energia da rede será reduzido. Isto não pode ser considerado uma condição perfeita, pois ninguém sabe como uma camada ou componente individual será implicado no cenário energético de toda a rede de sensores sem fios. Alguns dos modelos de redução de energia existentes negligenciam os vários outros parâmetros durante a transferência e a receção de dados. O limite superior da eficácia energética da distância de um salto individual é negligenciado e os modelos de utilização de energia prestam principalmente atenção às despesas de receção e envio de dados.

1.3 Protocolos de encaminhamento em RSSF

Em contraste com o encaminhamento clássico efectuado em redes fixas, o encaminhamento nas RSSF é bastante diferente. Devido à ausência de uma estrutura fixa, a ligação sem fios torna-se pouco fiável [10]. Os protocolos de encaminhamento tornam-se a razão das falhas dos nós nesta rede, o que gera a necessidade de tornar estas redes energeticamente eficientes. Ao longo do tempo, foram introduzidos vários protocolos de diferentes tipos. Estes protocolos de encaminhamento podem ser divididos em diferentes grupos com base na sua utilização.

A. Protocolos baseados na localização

Estes protocolos dependem da informação sobre a posição dos dispositivos sensores. O conhecimento da localização dos nós sensores é muito importante para uma série de protocolos de encaminhamento para medir a distância entre dois nós específicos. Esta informação também ajuda a medir o volume de energia a ser gasto pelas redes. Alguns protocolos populares baseados na localização são descritos a seguir:

i. Geographic Adaptive Fidelity (GAF): Este protocolo foi concebido principalmente para MANETs. As RSSF também utilizam este protocolo devido à sua eficiência energética. O protocolo GAF é desenvolvido usando um modelo de energia que ajuda a medir o gasto de energia [11]. Os pacotes de dados podem ser transmitidos e recebidos nas RSSFs depois de se descobrir a existência de pacotes de entrada se o sensor de rádio funcionar. Este protocolo suspende todos os sensores redundantes dentro da rede. Isto também garante a preservação do nível contínuo de fiabilidade do encaminhamento. Este protocolo divide o campo global de sensores em quadrados de grelha. Todos os sensores fornecem informações sobre a localização dos nós. O GPS ou outro método de localização ajuda a fornecer a informação sobre a posição do dispositivo sensor para estabelecer a sua ligação a uma grelha específica. Além disso, a ligação é utilizada pelos sensores correspondentes no que respeita à transmissão de pacotes.

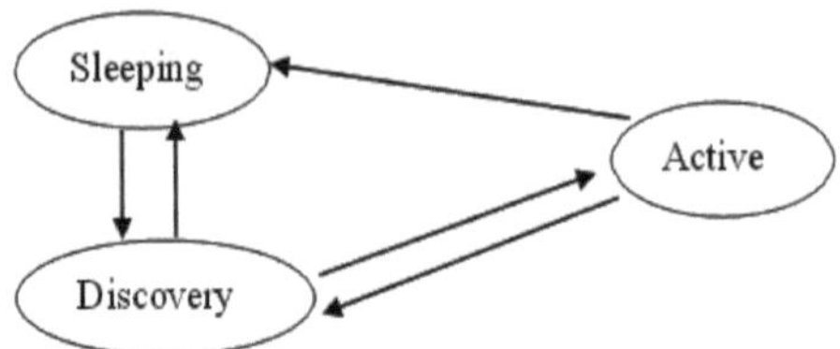

Fig. 1.2: Diagrama de transição de estados do GAF

A Fig. 1.2 representa três fases diferentes do GAF, designadas por descoberta, ativa e em repouso. Se um sensor permanecer na fase de repouso, o rádio é desligado para poupar energia. Os nós sensores partilham as mensagens de deteção entre si para reconhecer os nós sensores disponíveis numa rede semelhante na primeira fase de descoberta. Na fase seguinte, as mensagens de descoberta são transferidas periodicamente, quando é fornecida a informação a um nó sensor sobre o seu estado. Esta aplicação efectua a afinação da quantidade de tempo gasto por todos os estados. Mas alguns aspectos importantes, como os requisitos e o movimento dos sensores, devem ser essencialmente considerados. Este protocolo tem como objetivo prolongar o tempo de serviço das RSSF [12].

ii. Geographic and Energy-Aware Routing (GEAR): O objetivo principal deste protocolo é encaminhar as consultas para os locais de destino dentro do campo de sensores. É necessário instalar sensores com o hardware local. A localização atual dos dispositivos sensores deve ser conhecida essencialmente. É importante que os nós sensores tenham conhecimento da localização e da energia restante dos nós próximos. Este protocolo utiliza a heurística da energia para selecionar os nós sensores capazes de encaminhar o pacote na direção do destino. A utilização do algoritmo de encaminhamento geográfico recursivo é comum para distribuir o pacote no local de destino.

iii.Coordenação da poupança de energia com o encaminhamento: Este protocolo foi concebido principalmente para redes ad hoc móveis. Este protocolo de encaminhamento ajuda a reduzir o nível de consumo de energia das redes de sensores sem fios. Este protocolo baseia-se no conceito de que a interface de rede sem fios de um componente consome um volume significativo de energia. Uma resposta mais eficiente é desligar o rádio em estado inativo [13]. Este protocolo funciona de forma mais eficiente com o protocolo de encaminhamento geográfico, uma vez que não requer informações sobre a localização do nó sensor. A topologia de backbone de encaminhamento deve ser aplicada nas redes, uma vez que este protocolo transfere os pacotes sem utilizar os nós sensores presentes entre a origem e o destino. É necessário informar os nós próximos e os coordenadores sobre o estado de todos os nós sensores. Este protocolo aplica a regra de eleição com o protocolo de encaminhamento geográfico para recolher dados sobre o estado dos nós. Um coordenador mais próximo do destino transfere o pacote para o seu nó vizinho após a receção do pacote.

iv. Encaminhamento baseado em trajetória (TBF): Este protocolo é utilizado para a implantação de uma rede densa e a formação de um sistema coordenado. O sistema pode ser auto-localizado e a distância entre os nós vizinhos pode ser medida. A fonte define a trajetória do pacote. A rota pode ser detectada com base na comunicação salto a salto. A informação de localização dos vizinhos ajuda numa tomada de decisão gulosa. Isto ajuda a conhecer a trajetória mais próxima do próximo salto. O movimento dos nós sensores não afecta a manutenção da rota entre os TBF no caso de um nó de trajetória.

v. Bounded Voronoi Greedy Forwarding [BVGF]: Este protocolo é igual aos diagramas de Voronoi. O papel da localização geológica dos nós sensores é bastante imperativo neste protocolo. Neste protocolo, as localizações dos sensores são representadas pelas localizações especificadas no diagrama. O nó vizinho que se encontra a uma distância mínima do destino transfere o pacote de dados[14]. A linha de segmento atravessa as regiões de Voronoi para os sensores capazes de atuar como próximos saltos. A linha de segmento liga a origem e o destino. Este protocolo escolhe o nó vizinho que tem a distância euclidiana mínima do destino e de todos os vizinhos adequados para ser escolhido como próximo salto.

vi.Geographic Random Forwarding (GeRaF): O GeRaF é um protocolo de encaminhamento mais eficiente para redes de sensores sem fios. Este protocolo segue o conceito de encaminhamento geográfico. Neste protocolo, a retransmissão de pacotes depende da abordagem de melhor esforço. O nó emissor não tem conhecimento prévio de que o nó original está a ser preparado para ser um nó de retransmissão. Este protocolo baseia-se no pressuposto de que cada nó sensor dispõe de informação sobre a sua própria posição, bem como sobre a posição do sink.

B. Protocolos centrados nos dados

Os protocolos desta categoria são diferentes dos outros protocolos, na medida em que transmitem os dados diretamente da fonte para a estação de base. Cada nó de origem transfere os dados para a estação de base de forma independênte, para que estes protocolos centrados nos dados possam efetuar o processamento dos mesmos. Os dados gerados a partir de um número de nós sensores de origem são agregados por estes protocolos quando é necessário transmitir os dados entre a fonte e a estação de base. Estes protocolos poupam uma quantidade significativa de energia. Alguns protocolos bem conhecidos desta categoria são descritos de seguida [15]:

i. Protocolos de sensores para informação através de negociação (SPIN): O SPIN pertence à categoria dos protocolos adaptativos. Estes protocolos podem distribuir com êxito informações em redes de sensores sem fios. Neste protocolo, um nó dá um nome sofisticado aos seus dados, conhecido como metadados. Um nó efectua negociações de metadados antes de transferir dados. Estas negociações contribuem significativamente para limitar as transmissões desnecessárias de dados na rede. Este protocolo contém informações sobre o nível de energia atual dos nós. Aqui, um protocolo apropriado é modificado para ser executado com base no volume de energia residual dos nós. Este protocolo poupa uma quantidade significativa de energia devido à negociação de metadados e também ajuda a evitar a difusão desnecessária de dados.

ii. Difusão Dirigida: O DD é um protocolo de agregação de dados bem conhecido para as RSSF. Trata-se de uma abordagem centrada nos dados, baseada em caraterísticas e consciente da aplicação. Os pares atributo-valor atribuem nomes aos dados gerados pelos nós sensores. Este protocolo pode encaminhar dados provenientes de várias fontes na direção da estação de base e consome menos energia ao erradicar a redundância nos dados detectados e ao minimizar a quantidade de transferência[16].

C. Protocolos hierárquicos

Os protocolos de encaminhamento hierárquicos baseados em clusters pertencem à categoria dos protocolos de encaminhamento do tipo estrutura de rede. Estes protocolos são utilizados para efetuar o encaminhamento de forma eficiente em termos energéticos. Estes protocolos também asseguram a escalabilidade e a comunicação eficaz entre os nós sensores implementados na RSSF. A configuração hierárquica utiliza nós altamente energizados para processar e transmitir a informação do sinal. Os nós de baixa energia, por outro lado, podem ser utilizados para a deteção da proximidade do alvo. Esta disposição torna os protocolos de encaminhamento hierárquicos baseados em clusters mais eficientes em termos energéticos do que os nós sensores dentro de um cluster.

Estas abordagens também têm a capacidade de efetuar a agregação e a fusão de dados, enviando um menor número de mensagens para o sumidouro. De um modo geral, o encaminhamento hierárquico consiste em duas camadas. Na primeira camada, os chefes de agrupamento são selecionados dentro de um agrupamento como uma fase de seleção de nós, enquanto o encaminhamento dos nós sensores associados é efectuado pela segunda camada. Alguns protocolos hierárquicos populares de encaminhamento energeticamente eficiente foram descritos a seguir A abordagem hierárquica aqui introduzida gera vários níveis de agrupamento. Quando os nós são agrupados para criar clusters, é escolhido entre eles um chefe de cluster. É efectuado o encaminhamento para outras estações de base ou para o chefe de agrupamento a partir de um agrupamento. Os dados são encaminhados para a camada superior a partir da camada inferior agrupada [17]. Seguem-se alguns destes tipos de protocolos de encaminhamento:

i. Hierarquia de agrupamento adaptativa de baixa energia (LEACH): O LEACH é um protocolo de encaminhamento hierárquico baseado em clusters muito popular para as RSSF. Este protocolo inclui nós sensores estacionários e uma estação de base estacionária. A divisão de todo o campo de sensores é efectuada logicamente em clusters. Aqui, cerca de 5% do total de nós sensores instalados comportam-se como CH. A seleção dos nós CH é efectuada com uma probabilidade dependente do volume de energia restante nos nós. Há duas fases em que o tempo de funcionamento do LEACH é separado. Estas fases são designadas por fase de arranque e fase estável. Na primeira fase de preparação, cada nó toma a decisão de ser ou não um nó CH para a ronda em curso[18].

ii. Recolha eficiente de energia em sistemas de informação de sensores (PEGASIS): PEGASIS, na forma expandida, Power-Efficient Gathering in Sensor Information Systems é um protocolo baseado em cadeias. Este protocolo é uma versão melhorada do protocolo LEACH [19]. Neste protocolo, um nó estabelece comunicação com o seu nó vizinho apenas para enviar e receber dados. Além disso, estes dados são transmitidos para a estação de base e, desta forma, o nível de energia consumido em cada ronda é reduzido. Neste protocolo, os nós são sistematizados de forma a criar uma cadeia. Os nós sensores realizam este processo por si próprios, através de um algoritmo guloso, a partir de um determinado nó, ou a estação de base, depois de calcular esta cadeia, pode transmiti-la a todos os dispositivos ou nós sensores.

iii. Agrupamento distribuído híbrido e eficiente em termos energéticos (HEED): A energia restante e o grau do nó são adaptados como parâmetros para a seleção de clusters. Isto é feito para obter uma condição de equilíbrio energético. Este protocolo é sobretudo uma melhoria do protocolo LEACH. A utilização de energia de difusão adaptável permite uma interação entre clusters e tarefas de rede multi-hop.

1.4 Objectivos do estudo:

Os objectivos da investigação são os seguintes
1. Implementar o protocolo de encaminhamento energeticamente eficiente WEMER para aumentar o tempo de vida e reduzir a sobrecarga de encaminhamento em redes de sensores sem fios

2. Melhorar o protocolo de encaminhamento energeticamente eficiente WEMER para aumentar o tempo de vida e reduzir a sobrecarga de encaminhamento em redes de sensores sem fios

3. Implementar o protocolo proposto e comparar com o existente em termos de vários parâmetros.

1.5 Organização da tese:

Neste relatório, o primeiro capítulo é uma introdução às redes de sensores sem fios. 1.1 Visão geral do tema, 1.2 Estudo específico do trabalho, 1.3 Protocolo de encaminhamento em RSSF, 1.4 Objectivos e âmbito do estudo. No Capítulo 2 é apresentada a Revisão da Literatura. No Capítulo 3 são introduzidos a teoria e os conceitos relacionados com o trabalho de investigação. Neste capítulo descreve-se a formulação e definição do problema. No Capítulo 4, define-se a metodologia de investigação e a forma de resolver o problema. O Capítulo 5 inclui as experiências e os resultados do problema resolvido. No Capítulo 6 são descritas as conclusões e o trabalho futuro. No final do relatório são incluídas as referências bibliográficas.

CAPÍTULO 2
REVISÃO DA LITERATURA

Ramin Yarinezhada, et.al (2018) sugeriu a associação que foi partilhada entre os nós sensores e o nó sumidouro porque as enormes cargas de tráfego foram encaminhadas por ele dentro da RSSF. A enorme quantidade de energia foi reduzida devido ao grande tráfego. Assim, os nós e o isolamento do sumidouro foram divididos dentro da rede. O problema descrito foi resolvido com a implementação do sink móvel. O equilíbrio foi gerado no consumo de energia através da utilização correta dos sinks móveis na rede. A localização do sumidouro móvel, necessária para a transmissão dos dados para a rede, era conhecida pelos nós sensores [21]. O consumo de energia era maior e ocorriam atrasos na rede se a localização da estação de base fosse conhecida pelos nós sensores. Este artigo sugere um algoritmo de encaminhamento baseado na infraestrutura de rede virtual e no sumidouro móvel. A técnica sugerida foi utilizada para escolher os nós da rede. Para o efeito, foi utilizada a infraestrutura virtual que auxilia a manutenção da localização do sink. Foram realizadas experiências. Os resultados experimentais demonstraram que a técnica sugerida teve um desempenho mais eficiente em termos de desempenho, eficiência energética e atraso do que outras técnicas.

Ram Murthy Garimella, et.al (2018) propôs uma RSSF em que a eficiência energética tinha actuado significativamente. Os investigadores sugeriram uma série de esquemas para lidar com esta questão, uma vez que se tornou um dos principais problemas da rede. Estes algoritmos utilizaram a técnica de clustering, que era comummente utilizada. No entanto, a validação matemática não estava representada no mesmo. Assim, os investigadores sugeriram neste documento um sistema e uma técnica para preencher a lacuna de investigação. Este artigo introduziu o conceito de matriz Hessiana para implementar os métodos de eficiência energética e para processar a recolha de dados e o encaminhamento em RSSF [22]. A técnica sugerida que incluía cálculo multi-variável foi autenticada usando o conceito apresentado. A distribuição dos nós sensores sem fios em função da hipótese foi completada no espaço multidimensional. Esta técnica sugerida foi calculada nas experiências. Os resultados experimentais demonstraram que a implementação da técnica sugerida foi efectuada em qualquer abordagem de agrupamento através da sua conceção matemática e a estrutura de comunicação de baixo consumo de energia foi obtida a partir dela.

Deepa PUNEETH, et.al (2018) pretendeu estudar uma série de parâmetros que actuaram significativamente na funcionalidade da RSSF. Uma abordagem eficaz na qual todas estas necessidades foram abordadas foi gerada no artigo. Para o efeito, o método de partilha de segredos criptográficos foi integrado no método de encaminhamento multipercurso disjunto. A fiabilidade, bem como a segurança teórica da informação, foram oferecidas no SSS. No entanto, não tinha potencial para oferecer energia eficiente e resultados óptimos relacionados com a mesma. Este documento apresentou um SRSS para obter energia eficiente e dados fiáveis [23]. A principal desvantagem destas abordagens é o ataque CN que é lançado no caso de se comprometer o menor número de nós. Assim, foi sugerida neste documento outra técnica para lidar com os problemas descritos anteriormente. A segurança foi obtida para defender estes ataques CN através da técnica sugerida. Obtiveram-se dados fiáveis e energia eficiente na rede. A partilha do segredo da rampa de Shamir foi combinada com uma cifra AES reduzida por ronda, descrita utilizando SHAES, que era o seu principal objetivo. A técnica foi autenticada através da realização de numerosas análises e simulações. Os resultados demonstraram que a técnica sugerida teve um melhor desempenho do que outras técnicas existentes.

Peijun Zhong, et.al, (2018) pretendia que a aplicação generalizada das RSSF fosse implementada em várias áreas distintas, uma vez que esta aplicação se tinha desenvolvido rapidamente. Todos os dados foram recolhidos pelos nós sensores e posteriormente transmitidos ao sumidouro para efetuar a comunicação. Assim, a rede utilizou os nós sensores. Foram apresentadas muitas técnicas neste documento para a redução das influências dos problemas que ocorrem na rede. O problema do ponto quente foi descrito como o sumidouro que estava disponível perto de nós da rede que morriam mais cedo em comparação com outros sensores. Assim, o conceito de nó sink móvel foi discutido para eliminar este problema de forma efectiva [24]. A distribuição dos nós hot spot foi feita de forma uniforme devido ao movimento do nó sink ao longo de determinadas trajectórias. A técnica de encaminhamento de eficiência energética que empregava vários sumidouros móveis múltiplos foi analisada em pormenor. Toda a rede foi dividida para a realização de experiências, de modo a demonstrar os efeitos do sumidouro móvel na duração da rede nos vários clusters.

Hassan Oudani, et.al (2017) propôs um estudo sobre as RSSF e as questões em que a duração da rede foi atenuada devido ao maior consumo de energia. Assim, a redução era necessária quando os nós sensores consumiam a energia durante a transmissão e a receção de dados. Para o efeito, era necessária uma estratégia. Os investigadores apresentaram uma série de algoritmos para a maximização do tempo de vida da rede de sensores. Foram também construídos alguns protocolos hierárquicos para aliviar o tráfego na rede que se dirigia para o sumidouro e ajudaram n o avanço da capacidade de trabalho da rede. Uma abordagem baseada em cluster hierárquico chamada LEACHES foi implementada para realizar a pesquisa sobre a eficiência energética [25]. Este artigo apresentou uma nova técnica para reduzir o consumo de energia e aumentar a existência de uma rede de sensores. A técnica apresentada e o desempenho do protocolo LEACH foram calculados através da realização de simulações. Para o efeito, o simulador MATLAB Simulink foi utilizado neste trabalho.

Nukhet Sazak, et.al (2017) sugeriu a rede que utilizou os nós sensores de forma aleatória na rede em que se juntaram e deixaram a rede a qualquer momento que causou a ocorrência de problemas consideráveis de problemas de design. Esta rede enfrentou alguns inconvenientes que, como resultado, a degradação ocorreu na funcionalidade da rede [26]. Neste artigo, foi apresentado um ANDM para gerar um MAC de rede de sensores sem fios que ajudou no avanço da eficiência energética. O ANDM foi incorporado com o ETDMA e sua comparação foi feita com a integração do E-TDMA. Os resultados demonstraram que a técnica apresentada foi eficiente, uma vez que a utilização da energia óptima foi avaliada em cerca de 31%.

Harshita Jain, et.al (2017) analisou que uma das principais preocupações das RSSF era a duração limitada da bateria e a manutenção da eficiência energética da rede. Havia uma série de nós sensores que tinham sido implementados aleatoriamente no ambiente hostil para detetar as várias condições físicas. Estas redes de sensores deparavam-se com a questão da bateria finita. A sua substituição não era fácil para um indivíduo devido à sua instalação numa região geográfica. Se a bateria se esgotasse de uma só vez, surgiam vários problemas durante a sua substituição. Consequentemente, a rede avariava por vezes [27]. Para resolver este problema, os investigadores descreveram alguns protocolos de encaminhamento que eram energeticamente eficientes para esta rede. A sobrecarga de pacotes foi atenuada quando as tabelas de encaminhamento foram actualizadas com frequência, pelo que a taxa de energia consumida também foi reduzida. Foi utilizado o sistema PEGASIS. O DSR foi integrado neste sistema que ajudou a determinar o melhor caminho, tal como o algoritmo genético e o BFO.

Vivek Kumar Singh, et.al (2017) recomendou o conjunto de transdutores independentes que foram implementados como infraestrutura de comunicação. A sua instalação foi feita em várias posições, de modo a que os dados fossem monitorizados e registados. Os nós sensores foram implementados na RSSF para detetar as circunstâncias físicas. Foram vários os parâmetros que estes nós detectaram [28]. Esta rede enfrentou alguns desafios principais devido aos quais o funcionamento da rede foi obstruído. Este artigo sugeriu uma técnica para o avanço da duração da rede de sensores. Uma abordagem baseada em novos clusters foi levada a cabo nesta técnica, o que permitiu que esta técnica oferecesse resultados fiáveis e eficientes em termos de energia. O CH da rede foi analisado pela eficiência energética que foi incluída no novo método de cluster. As falhas do nó principal do agrupamento, com as quais se obtém a fiabilidade da rede, foram evitadas com a sua ajuda.

Sheikh Tahir Bakhsh, et.al, (2017) apresentou um novo algoritmo conhecido como AEH-MAC para a RSSF. Foi uma das técnicas mais implementadas que ajudou na melhoria do agendamento. Esta técnica ajustou os tempos de sono dos nós, pelo que o tempo de agendamento foi reduzido. A afetação dos recursos para as várias funcionalidades foi o principal problema de conceção que ocorreu quando o algoritmo foi programado na RSSF. A construção de mais métodos era necessária porque se desperdiçava muita energia no momento da escuta na rede de sensores sem fios em situação inativa. Era também necessária uma técnica que permitisse poupar a energia da rede. A energia finita e o número reduzido de recursos renováveis foram alguns dos principais problemas que ocorreram nesta rede. O atraso também ocorreu na rede, uma vez que foi empregue um ciclo de trabalho pré-determinado, útil para poupar a energia dos nós [29]. A execução do protocolo MAC foi necessária de forma eficiente, usando o qual a duração do tempo de vida foi maximizada e a eficiência também foi aumentada em termos de energia. A técnica apresentada foi utilizada para ajustar o tempo de repouso e o tempo de despertar dos nós vizinhos de forma dinâmica, de acordo com a carga de tráfego. Também foi necessário um maior desenvolvimento. Assim, os pacotes ACK foram produzidos por eles. Estes pacotes eram transmitidos ao recetor que obtinha pacotes curtos para aumentar o tempo de espera do código-fonte. Nesta técnica apresentada, cada nó obteve um intervalo de tempo livre de conflitos para si próprio até aos nós vizinhos de dois saltos. Foi demonstrado que a técnica apresentada teve um desempenho eficaz no que respeita ao tempo de execução, ao número de energia consumida e à reserva de faixas horárias.

Fawaz Alassery, et.al (2017) descreveu uma série de áreas principais que implementaram a aplicação alargada da RSSF devido à exploração de numerosos nós sensores para detetar as várias condições físicas do ambiente. Durante a formação da rede inteligente de sensores sem fios, que tinha fiabilidade, ocorreram vários problemas devido ao número finito de recursos nos nós sensores. Esta rede melhorada assegurou a conetividade que ajudou a melhorar a duração das baterias dos sensores. A tecnologia V-MIMO foi utilizada como solução para os nós sensores. A eficiência energética das redes de sensores sem fios inteligentes foi obtida utilizando a técnica proposta. Os investigadores sugeriram a WSN altamente inteligente que incluía a eficiência energética. A técnica MIMO virtual foi utilizada para proporcionar os benefícios desta técnica [30]. A transmissão da rede foi feita com base em duas condições. Na primeira, um nó de retransmissão recarregável foi instalado no centro da área de deteção, para ajudar a receber os pacotes de dados do nó de origem. A descodificação e a transmissão dos pacotes, após a sua receção, eram efectuadas para o nó de destino. No segundo, a partição da área de deteção foi efectuada envolvendo um nó retransmissor recarregável em cada cluster na presença de numerosos clusters. Os pacotes foram transmitidos ao nó de destino através deste no cluster semelhante ou em qualquer outro cluster. Os efeitos dos canais de desvanecimento plano de Rayleigh também foram analisados por eles para melhorar o erro de retransmissão dos pacotes de dados. O benefício da técnica sugerida e um nó central de retransmissão foram utilizados para atingir a baixa eficiência energética para SNR. A gama deste rácio foi avaliada entre 20 e 20dB sobre o canal de desvanecimento plano Rayleigh. Os resultados experimentais mostraram que o segundo cenário proporcionou uma eficiência energética superior à do primeiro cenário, uma vez que incluiu a transmissão direta em cada cluster.

Mehdi Kalantari, et.al (2017) recomendou uma série de algoritmos de encaminhamento que tinham eficiência energética com o tempo, uma vez que as tecnologias inovadoras mais recentes estavam a desenvolver-se rapidamente. Os nós sensores foram implementados nesta rede, o que permitiu a deteção de várias condições ambientais e a recolha de dados para posterior transmissão ao sumidouro [31]. A recomendação tinha potencial para lidar com a teoria das equações de Maxwell no âmbito da eletrostática, que era equivalente ao conjunto de equações diferenciais parciais. Os caminhos óptimos foram determinados usando esta técnica recomendada para alcançar a eficácia da energia para a rede. Os caminhos geográficos foram obtidos a partir dos sensores até ao destino através destas equações diferenciais parciais. Os caminhos identificados foram estimados entre cada par de sensores para descobrir as rotas autênticas utilizando a sequência de ligações sem fios. A abordagem recomendada foi autenticada através da realização de experiências. Os resultados experimentais demonstraram que a técnica recomendada permitiu melhorar a duração da rede em comparação com as outras abordagens convencionais.

Meirui Ren, et.al, (2017) referiu que a ampla aplicação incluída na RSSF foi a razão da sua exploração em todas as áreas para a deteção de dados. Os dados foram recolhidos e a sua transmissão posterior foi feita para o sumidouro utilizando nós sensores dentro da rede. Os sensores foram implementados em vários domínios. Estes nós sensores foram utilizados para recolher os dados, uma vez que estes não eram facilmente acessíveis ao ser humano num ambiente hostil. A gestão da velocidade e do volume dos grandes nós sensores era necessária para oferecer um tempo de latência reduzido. Foi considerada uma das tarefas mais difíceis, porque o nó sensor não era facilmente reatribuído. Este processo consumiu muito tempo devido à redução do volume do grande nó sensor devido à agregação de dados [32]. A alta densidade nas Redes de Sensores Sem Fio causou dificuldade para a rede em manter os enormes dados. Assim, foi sugerido neste trabalho um método que foi utilizado para resolver qualquer tipo de problema, incluindo problemas de NP-hard. Este trabalho apresentou uma técnica denominada DMPMC. Este método ajudou a mitigar a latência da agregação de dados nas redes de sensores sem fios multi-canal e multi-potência. A baixa potência de transmissão foi empregue para a transmissão de pacotes dentro dos clusters. No entanto, a alta potência do cluster foi empregue para transmitir os pacotes no exterior. Os resultados experimentais calculados indicaram que a técnica sugerida tinha adquirido um desempenho superior no que respeita à latência média mais baixa.

Imen Ben Arbi, et.al, (2017) sugeriu a tecnologia que foi empregue para transmitir os dados entre o nó de origem e o nó de destino através dos nós sensores em que os dados foram recolhidos em primeiro lugar a partir do ambiente e, em seguida, estes dados foram transmitidos para o sumidouro. Assim, esta rede foi designada por WSN. A qualidade dos pacotes era degradada quando os pacotes de dados eram transmitidos. O consumo de energia foi um dos principais problemas que ocorreram nesta tecnologia. O consumo de energia foi o problema na implementação desta rede durante a comunicação. Como resultado, foi necessário reduzir a taxa de transferência dos pacotes entre o nó de origem e a estação de base. Foi necessário melhorar as técnicas de redução de dados para quantificar os valores do nó fonte e do nó sumidouro [33]. O valor limiar foi utilizado para calcular a diferença entre o valor detectado e o valor previsto. Os métodos foram empregues neste trabalho de acordo com o tipo de dados detectados. O modelo SETAR sugerido neste trabalho utilizou sistemas não lineares. Assim, a técnica sugerida revelou-se útil para a previsão e resolução dos problemas descritos anteriormente neste trabalho

Mohamed Elshrkawey, et.al (2017) analisou que uma série de aplicações utilizaram esta rede para monitorizar as condições ambientais. Neste WSN, a execução de um enorme número de dispositivos de baixa potência foi efectuada neste trabalho. As informações foram coletadas quando as condições ambientais foram detectadas com a exploração de nós sensores na rede. Estes dados recolhidos foram depois enviados para o sumidouro. A seleção de um único CH foi efectuada a partir de um grande número de clusters disponíveis nesta rede. No início, o nó sensor foi utilizado para detetar os dados. Por fim, estes dados foram transmitidos ao CH e, em seguida, o CH transmitiu-os ao sumidouro. As baterias disponíveis no nó sensor estavam incorporadas, pelo que a sua substituição não era fácil. O consumo de energia foi considerado um dos principais problemas, uma vez que o tempo de vida da rede foi reduzido com isso [34]. Este artigo sugeriu uma técnica para lidar com todos estes inconvenientes. As energias presentes no cluster foram utilizadas na abordagem sugerida e ajudaram na dissipação de energia durante a redução das comunicações da rede. Esta abordagem revelou-se superior, uma vez que selecionou o CH em comparação com outras técnicas. A tecnologia TDMA foi utilizada nesta técnica para facilitar o processo. Os resultados distintos obtidos após a comparação demonstraram a eficiência da técnica sugerida.

K. Sethu Selvam, et.al (2017) descreveram os principais problemas que ocorreram devido ao avanço da tecnologia que foi amplamente utilizada em muitas aplicações. A segurança e a privacidade eram as principais questões. A RSSF incluiu um ambiente de comunicação aberta e um número finito de recursos que causou a ocorrência de problemas relacionados com a questão da segurança e foi uma das principais preocupações nesta rede do que a rede com fios. Os nós sensores utilizados nesta rede incluíam dispositivos de baixa potência, de dimensões reduzidas e de baixo custo de computação. A tecnologia sem fios foi utilizada numa série de domínios. Esta tecnologia foi amplamente utilizada, uma vez que os nós sensores com comportamento móvel estavam disponíveis. A redução da monitorização humana foi observada porque esta tecnologia foi implantada num ambiente hostil que não era possível para eles [35]. Esta rede era mais propensa a vários ataques por ser uma rede de ambiente aberto. Assim, este documento descreve uma variedade de ataques e métodos de segurança. Este documento também apresentou vários esquemas que ajudaram a lidar com a influência destes ataques. Os investigadores efectuaram uma análise aprofundada dos ataques de segurança activos e passivos. Os resultados experimentais provaram que o desempenho superior foi obtido a partir da abordagem sugerida no que respeita a um menor consumo de energia, pouca memória e menos cálculos.

Preeti Rathore, et.al (2017) sugeriu os protocolos heterogéneos de DEEC utilizando os quais se obtiveram resultados efectivos no que respeita à estabilidade e à duração da rede. A comparação do desempenho do DEEC foi feita com outros protocolos neste documento e concluiu o desempenho efetivo do método DEEC. Foram medidos alguns parâmetros para o cálculo da técnica sugerida [36]. A execução dos nós sensores foi efectuada de forma aleatória nesta rede, o que implicou a existência de uma quantidade finita de energia em cada nó na fase preliminar. As condições físicas foram detectadas e todos os dados foram recolhidos utilizando estes nós sensores e estes dados foram posteriormente transmitidos à BS. A energia diminuiu num instante devido à presença de um grande número de rondas no sistema. Todas as ligações foram interrompidas devido a um problema de bateria fraca. Consequentemente, o primeiro nó morreu, o que resultou na falha da transmissão da informação. Foram realizadas várias experiências para calcular o desempenho da técnica apresentada relativamente a vários aspectos.

Sameer, et.al (2017) descreveu que existiam várias aplicações disponíveis na vida quotidiana que utilizavam as RSSF. Os nós móveis e os nós sensores foram implantados nesta rede por eles para transmitir as informações de um local para outro local em aplicações em tempo real. Nesta rede, foram utilizados um BS e um CS, que ajudaram a controlar facilmente o nó de drenagem. Deste modo, é possível transferir facilmente os dados entre a estação de base e o destino. Neste trabalho, foram utilizados três protocolos que transferem facilmente os dados da BS para o destino. Os protocolos LEACH, SEP e SEP com três níveis de heterogeneidade foram utilizados neste trabalho [37]. A energia foi distribuída para os nós em partes iguais usando esta técnica. A energia e o número de nós avançados e de nós intermédios foram maximizados neste trabalho para obter um protocolo mais estável.

Mr.R. Sathish Kumar, et.al (2017) analisou que a RSSF foi uma das tecnologias que se desenvolveu rapidamente e foi amplamente implantada na maioria das áreas porque a monitorização humana foi reduzida e a sua implementação foi facilmente efectuada em ambiente hostil. A quantidade limitada de recursos e a execução isolada de lógicas simples foram os principais problemas que ocorreram nesta rede. As decisões inválidas e os resultados inexactos foram obtidos devido à existência de sensores defeituosos na rede. Assim, a técnica denominada DFLER foi introduzida neste documento para as redes de sensores sem fios. Os resultados exactos e fiáveis foram obtidos utilizando o método da lógica difusa para fundir as observações individuais e as da vizinhança. Um grande número de nós estava disponível numa rede que formava uma rede de forma combinada, após o que era selecionado um CH entre todos, o que assegurava a recolha de todos os dados de todos os nós. Posteriormente, este nó enviava os dados para o sink [38]. O objetivo principal era o CH múltiplo porque ajudava a prolongar o tempo de vida da rede e a eficiência da bateria. Um algoritmo ECATCH foi apresentado neste trabalho que acelerou a transação de dados e aumentou a duração da bateria para a minimização da carga de trabalho no CH. O equilíbrio do nível de energia do nó não foi feito pelo CH porque a seleção dinâmica baseada no parâmetro definido foi realizada utilizando o método proposto. As comparações foram efectuadas neste trabalho de modo a que o desempenho da técnica sugerida fosse calculado com as restantes técnicas. A eficácia da técnica sugerida relativamente ao tempo de vida da rede foi comprovada nos resultados da simulação.

Hayfa AYADI, et.al (2016) abordou o estudo da topologia óptima, de modo a que a redução da taxa de consumo de energia fosse possível para estas redes. O consumo de energia tinha actuado significativamente nesta rede, pelo que era necessário minimizá-lo. A funcionalidade da rede foi degradada devido a uma variedade de questões, entre as quais algumas questões críticas foram descritas neste artigo, nas quais a deteção de falhas e a eficiência energética foram incluídas. Várias experiências foram realizadas e métodos foram desenvolvidos pelos investigadores para minimizar estes problemas [39]. O padrão IEEE 802.15.4 foi escolhido juntamente com o modo beacon habilitado neste trabalho. O protocolo IEEE802.15.4 foi especialmente concebido para a camada PHY e MAC nas redes de sensores sem fios. O SD foi realizado para apresentar todas as caraterísticas necessárias do quadro MAC no IEEE 802.15.4. Isto foi feito para minimizar o consumo de energia quando o nível de energia numa bateria atinge um nível crítico.

Foi implementado o simulador INETMANET/OMNeT++ para calcular o desempenho do método proposto.

Soumita Sen, et.al (2016) descreveu que a tecnologia sem fios era uma das tecnologias em rápido crescimento neste documento em que o consumo de energia era o problema grave. Havia uma bateria incorporada cuja substituição não era fácil, uma vez que os nós sensores estavam implantados num ambiente hostil. O processo de deteção, processamento e transmissão de dados para a estação de base consome uma grande quantidade de energia. Assim, foi sugerida uma variedade de métodos neste documento que ajudaram a reduzir os principais problemas das redes de sensores sem fios [40]. Neste documento, o agrupamento foi combinado com uma abordagem de entrega de dados baseada em cadeia, graças à qual a redundância de dados e o consumo de energia foram reduzidos em grande medida nas RSSF estáticas. Os nós foram considerados com rádio duplo para transmitir dados nos dois níveis de energia. Foram efectuadas experiências e simulações que demonstraram que este método aumentou o tempo de vida da rede e a potência de transmissão do rádio.

Mohd Zaki Shahabuddin, et.al (2016) referiu que uma variedade de tecnologias em que as normas IEEE tinham sido utilizadas para o ponto de vista do desenvolvimento, tal como nas RSSF, foi utilizado o protocolo IEEE 802.15.4, que consistia em capacidades de baixa velocidade. Por vezes, mesmo em condições difíceis, estas capacidades limitadas de alimentação e de comunicação funcionavam durante mais tempo. Foi sugerida uma modelação fundamental do algoritmo de controlo da topologia em condições adversas que foi utilizada para conservar a energia no nó individual da RSSF. A facilidade de conetividade do grafo foi oferecida nesta técnica [41]. Três fases do algoritmo foram empregadas para controlar a topologia sugerida. A primeira foi a identificação do nó ligado à transmissão máxima, a segunda foi o algoritmo mais curto com o nó emparelhado e a última foi a conservação de energia, através da qual se calculou a potência mínima de transmissão por nó. Os resultados experimentais demonstraram que este método funcionava localmente e proporcionava uma conetividade completa do grafo. No entanto, esta técnica não tinha potencial para minimizar a sobrecarga de controlo da rede de sensores sem fios.

Adelcio Biazi et.al, (2016) analisou que a admirada WSN tinha a principal aplicação numa variedade de áreas devido à implantação de pequenos nós sensores que eram móveis na natureza e pequena fonte de alimentação. Os nós sensores da rede foram implantados aleatoriamente nos vários ambientes hostis em que o alcance humano era difícil de monitorizar sempre. As condições físicas dos ambientes foram detectadas pelos nós sensores, que depois recolheram todos os dados. O CH recolheu todos os dados recolhidos e transferiu-os para o nó de drenagem, de modo a gerar a comunicação [42]. O nó sensor tinha uma bateria incorporada que, se esgotada uma vez, não era facilmente substituída. Assim, o facto de a bateria ser limitada foi uma das principais preocupações desta rede. A substituição da bateria implicava um custo elevado. A potência mínima de transmissão foi utilizada para prolongar a existência da rede. O novo método denominado TDMA foi sugerido neste documento para medir a exatidão dos dados obtidos. Consequentemente, houve uma redução na taxa de consumo de energia devido a esta técnica. O intervalo de tempo dos sensores foi ajustado por este método proposto sempre que foi necessário alterar as condições do ambiente. Com base nas experiências efectuadas e nos resultados de simulação obtidos, demonstrou-se a eficácia do método proposto em comparação com as técnicas TDMA existentes. Este método reduziu a taxa de consumo de energia e aumentou o tempo de vida da rede.

Saleh Bouarafa et.al, (2016) apresentou a questão principal do consumo de energia neste documento, pelo qual a funcionalidade da rede é prejudicada. Introduziram a topologia óptima e as suas vantagens neste trabalho, com a ajuda da qual a taxa de consumo de energia na rede é minimizada. Portanto, com a ajuda da topologia da rede, há uma redução no consumo de energia na rede. Para a otimização dos nós sensores, utilizou-se o princípio fundamental da topologia de rede dentro da rede. Existem várias tecnologias que têm sido utilizadas até agora, como o encaminhamento dirigido por topologia, esquemas de cooperação, controlo de topologia baseado na cobertura dos sensores e muitas outras [43]. O método proposto fornece vários resultados eficazes, como o aumento do tempo de vida da rede, a monitorização da rede e a comunicação sem ruído. Também utilizaram o conceito do Teorema de Pitágoras Generalizado no âmbito deste método proposto. Assim, para a avaliação do método proposto, realizaram várias experiências neste documento. Os resultados de simulação obtidos provaram a eficácia do método proposto em termos de tempo de vida da rede e da energia consumida pelos nós. Neste trabalho, foi utilizada a ferramenta MATLAB para o processo de simulação.

Hector Kaschel, et.al (2016) apresentou a aplicação generalizada da rede de sensores sem fios neste documento, uma vez que esta tecnologia sem fios tem sido utilizada em quase todos os domínios. Esta tecnologia oferece várias vantagens nas aplicações da vida real devido ao seu maior desenvolvimento. Com a ajuda desta tecnologia, foram obtidas várias vantagens neste sector, como o baixo custo, o baixo consumo de energia e as dimensões reduzidas dos nós de sensores sem fios. A limitação da bateria é considerada o principal problema, uma vez que as baterias estão incorporadas e não são fáceis de substituir quando implantadas num ambiente hostil [44]. Por conseguinte, foram desenvolvidas e discutidas várias técnicas neste documento que ajudam a alcançar a eficiência energética na rede. Os protocolos de encaminhamento também desempenham um papel importante na minimização dos problemas enfrentados por esta rede. Os autores centraram-se nos protocolos de encaminhamento utilizados nas RSSF para comparar o seu desempenho com outros, de modo a poder medir o seu nível de eficiência energética.

Mohammed Abo-Zahhad et.al, (2015) apresentou as várias complicações enfrentadas por esta rede, tais como o consumo de energia e as questões de modelação da energia que prejudicam a funcionalidade da rede de sensores sem fios. A fim de minimizar o problema principal do consumo de energia, é necessário ter um conhecimento correto das fontes nas RSSF. Por conseguinte, para a avaliação dos protocolos de comunicação, é necessário dispor de um modelo de energia exato. Os parâmetros da camada física foram considerados na técnica proposta, especialmente desenvolvida para a análise energética, através da qual os problemas acima mencionados são facilmente minimizados. A energia consumida é transferida por carga útil sem que haja erros na rede utilizando um canal WGN. É essencial selecionar adequadamente a potência de transmissão, com a ajuda da qual, num canal WGN, é possível obter facilmente comunicações eficientes em termos energéticos. Para a potência de transmissão óptima, este método também fornece uma expressão em forma fechada. A taxa de consumo de energia pode ser minimizada utilizando as várias técnicas para as potências de transmissão óptimas [45]. Os métodos e protocolos de comunicação propostos neste documento foram avaliados para comparação com outros métodos, em termos de taxa de consumo de energia pela rede. Assim, os resultados de simulação obtidos provaram a eficácia do método em termos de aumento do tempo de vida da rede e de redução do consumo de energia.

CAPÍTULO 3
TEORIA E CONCEITO

3.1 Formulação do problema

As redes de sensores sem fios são os tipos de rede em que os nós sensores detectam a informação e a transferem para a estação de base. É um tipo de rede descentralizada. O principal problema da rede de sensores sem fios é o consumo de energia devido à implantação e ao tamanho reduzido dos nós sensores. Foi utilizado um protocolo de agregação de dados gratuito, nomeadamente o WEMER, que funciona de acordo com a forma estrutural. Funciona em três níveis: o primeiro nível é a estação de base e é enviada uma mensagem de "olá" a todos os nós da rede. O nó regressa à estação de base com a localização e outros dados. O segundo nível é a integração de toda a rede numa forma hierárquica com base na densidade da rede e, finalmente, no terceiro nível, o nó de salto é escolhido com base no tamanho do nó de buffer seguinte, na energia restante e na força da ligação. Neste documento, o protocolo WEMER ajuda a minimizar a sobrecarga de encaminhamento nas redes de sensores sem fios.

3.1.1. Definição do problema

Existem várias definições de problemas que são resolvidos nesta investigação:

1. O protocolo WEMER funciona de acordo com as três fases, o que pode levantar problemas relacionados com o buraco de energia. A técnica proposta resolverá este problema do buraco de energia.

2. A produção de energia é minimizada quando o problema do buraco de energia é levantado.

CAPÍTULO 4

METODOLOGIA DE INVESTIGAÇÃO

As redes de sensores sem fios têm dimensões reduzidas e são um tipo de rede auto-configurada. Este facto leva ao problema do consumo de energia nas redes de sensores sem fios. Foi utilizado um protocolo de eficiência energética chamado protocolo LEACH, que reduz o valor do consumo de energia da rede. Nos últimos tempos, foram introduzidas várias melhorias e modificações neste protocolo LEACH, o que permite minimizar o consumo de energia na rede. Nesta investigação, são apresentados três níveis de arquitetura, incluindo nós líderes, cabeças de agrupamento e nós de gateway que transferem os dados. A técnica inclui as fases abaixo mencionadas:

Fase 1: Seleção do chefe de agrupamento

É a primeira fase da rede. A rede é dividida em vários nós sensores. A estação de base está localizada no centro da rede. Uma mensagem é enviada através da estação de base. A intensidade do sinal é avaliada pela estação de base e os nós com uma intensidade de sinal superior ao valor de limiar serão escolhidos como cabeça de agrupamento do nó sensor. O valor do limiar é definido pela seguinte equação:

$$R_{CH} = R_{min} * |1 + (\frac{d_{BS} - d_{BSmin}}{d_{BSmax} - d_{BSmin}})| \tag{1}$$

Na equação acima $Rmin$ é o raio do cluster, d_{BS} representa a distância do nó à estação base, $dBSmin$denota a distância mínima da estação base, $dBSmax$ é a distância máxima da estação base.

$$F_{CH-value} = \alpha * N_{deg} + \frac{\beta}{MSD_{deg}} + \frac{\gamma}{d_{BS}} \tag{2}$$

A equação 2 mostra que, o N_{deg} é o número de nós vizinhos presentes no nó em particular, $MSD deg$ gives a distância média de todos os nós da rede,α,β e γ são os três valores limiares cujo total é 1. O nó sensor é a rede que gera valores aleatórios que se situam entre 0 e 1. Quando o nó sensor é selecionado como chefe de agrupamento e satisfaz a condição, dá origem à equação 3.

$$K(i) > F_{CH-value} \quad (3) \tag{3}$$

O K(i) é o valor aleatório gerado individualmente pelo nó sensor.

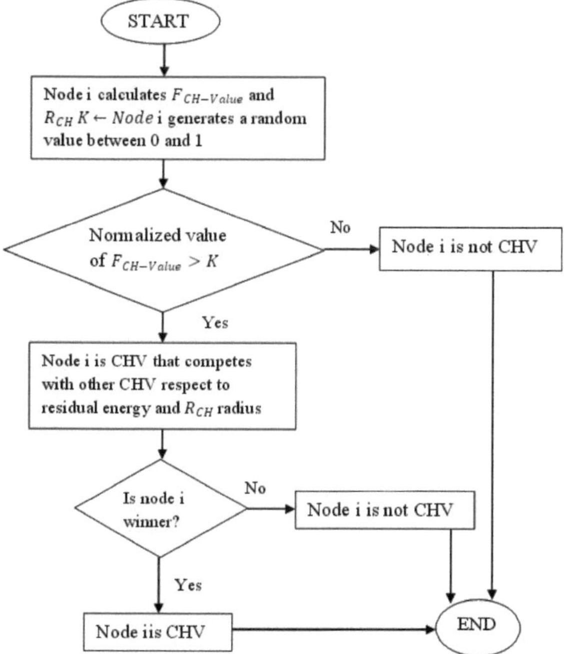

Fig 4.1: Fluxograma da seleção do Cluster head

Fase 2: Seleção do nó líder

É a segunda fase da técnica proposta que seleciona o nó líder dentro da rede. Os nós que não forem selecionados como cabeça de agrupamento serão escolhidos como nó líder. Os nós líderes são os que recolhem os dados dos nós sensores e os transferem para a cabeça do grupo. Na equação 4, será selecionado o nó líder voluntário.

$$F_{LN-value} = \eta * M_{deg} + \frac{\lambda}{K_{LN}}$$

(4)

Mdegé o número de nós líderes que se oferecem voluntariamente para serem selecionados como nós líderes. KLN dá o número de nós que estão sob o raio definido. η, λ são as constantes cuja soma deve ser 1. Os nós que são selecionados como nó líder geram um número aleatório que varia de 0 a 1 e satisfaz a equação 5 e são escolhidos como nó líder.

$$K(i) > F_{LN-value}$$

(5)

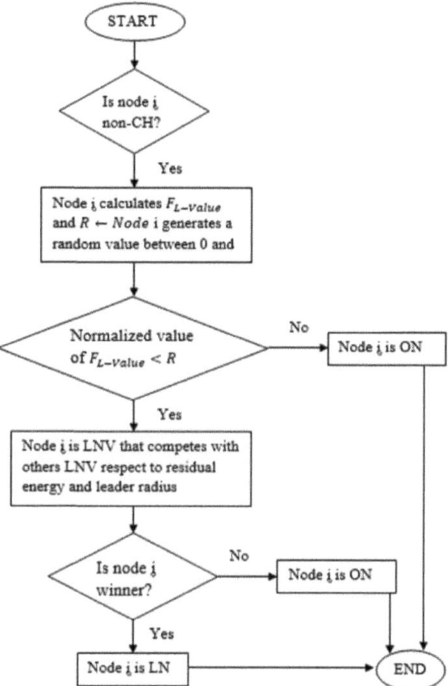

Fig 4.2: Processo de seleção do nó líder

Fase 3: Seleção do nó de gateway

É a última fase do mecanismo proposto, na qual são utilizados nós de gateway dentro das redes. Assim, os gateways dependem do número total de nós, o que é explicado pela equação 6.

$$Gateway_{nodes} = total\ number\ of\ nodes / 4 \tag{6}$$

Estes nós de gateway são a quarta parte do número total de nós sensores. Os melhores nós são escolhidos de entre todos os respectivos nós de gateway para transferir os dados para a estação de base. A distância entre a estação de base e o nó de gateway pode ser calculada utilizando a equação 7.

$$\text{Distance} = \sqrt{(x(i) - x)^2 + (y(i) - y)^2}\qquad (7)$$

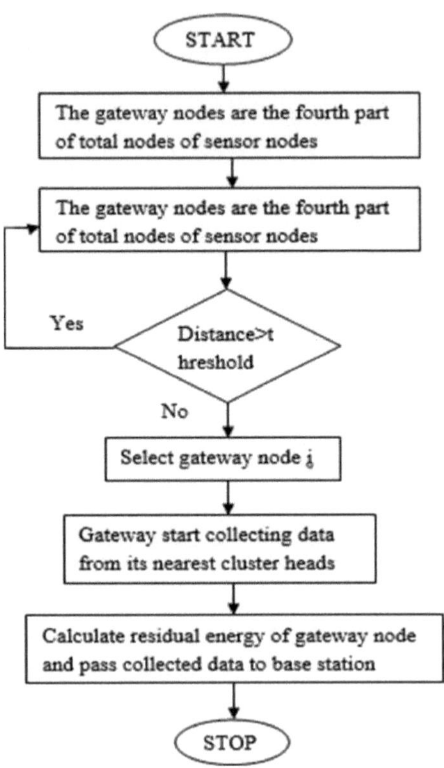

Fig. 4.3: Seleção de nós de gateway

Neste trabalho proposto, os nós líderes serão distribuídos à volta dos nós seniores normais. Os nós líderes são responsáveis pela transmissão de dados de um nó de cluster para outro nó de cluster. O nó gateway mais próximo transferirá os dados para a estação de base.

CAPÍTULO 5
EXPERIÊNCIAS E RESULTADOS

5.1. Ferramenta para implementação

É a forma simplificada de C e é utilizada como linguagem de programação. Contém várias caixas de ferramentas incorporadas, incluindo uma caixa de ferramentas matemáticas, uma GUI baseada em arrastar e largar, etc. É basicamente aplicada nos algoritmos, na elaboração de gráficos e na conceção das interfaces de utilizador. Contém gráficos de alta qualidade que são utilizados para efetuar simulações na rede. A versão mais recente do MATLAB é a de 2015. Processa os elementos sob a forma de MATRIZ e noutras linguagens como JAVA, PYTHON e FORTRAN.

1. **Janela de comando:** -É a parte importante do MATLAB e é utilizada para mostrar a saída do código já guardado e executa os códigos MATLAB.

2. **Área de trabalho**: - É a segunda parte do MATLAB e é utilizada para mostrar a atribuição e a anulação da atribuição das variáveis. Está dividida em três partes: variável, tipo de variável e valor da variável.

3. **Histórico de comandos:** -É a terceira parte do MATLAB e são mostrados os comandos que já foram executados.

4. **Current Folder Path:** -Mostra o caminho da pasta que guarda o código do MATLAB.

Dados da pasta atual: - Mostra os dados que se encontram na pasta cujos caminhos são dados no caminho da pasta atual.

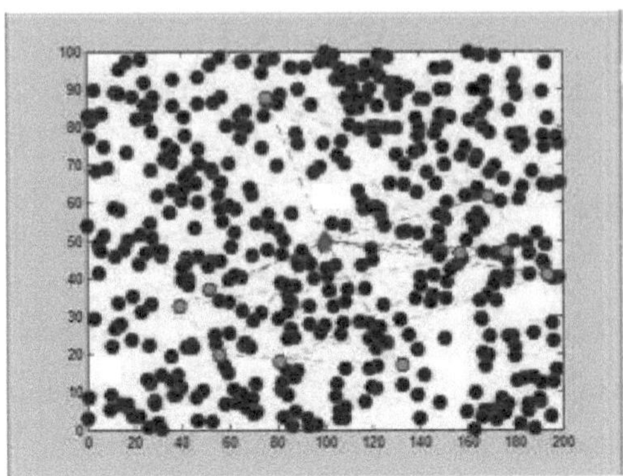

Fig. 5.1: Implantação da rede

A Fig. 5.1 ilustra que a rede de sensores sem fios é implantada com um número finito de nós sensores. A estação de base é colocada no centro da rede.

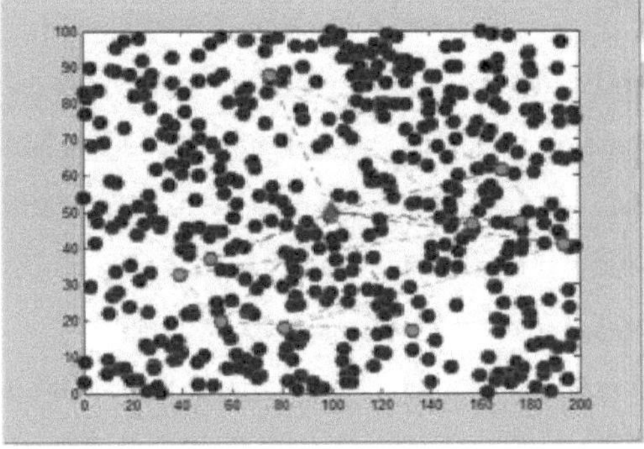

Fig 5.2: Transmissão de dados para o nó líder

A Fig. 5.2 demonstra que a rede é implantada com um número finito de nós sensores. Toda a rede é dividida em clusters de tamanho fixo e o chefe do cluster é selecionado em cada cluster. O chefe de agrupamento envia os dados para o nó líder.

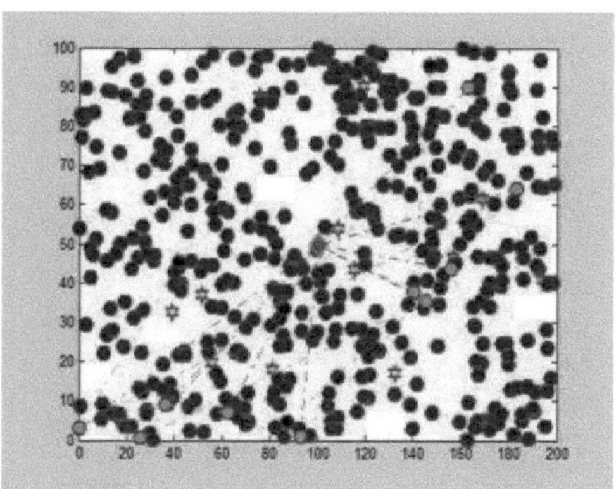

Fig. 5.3: Transmissão de dados para a estação base

A Fig. 5.3 mostra que a rede é implantada com um número finito de nós sensores. Toda a rede é dividida em clusters de tamanho fixo e o chefe do cluster é selecionado em cada cluster. O chefe do grupo envia os dados para o nó líder. Os nós líderes enviam então os dados para a estação de base

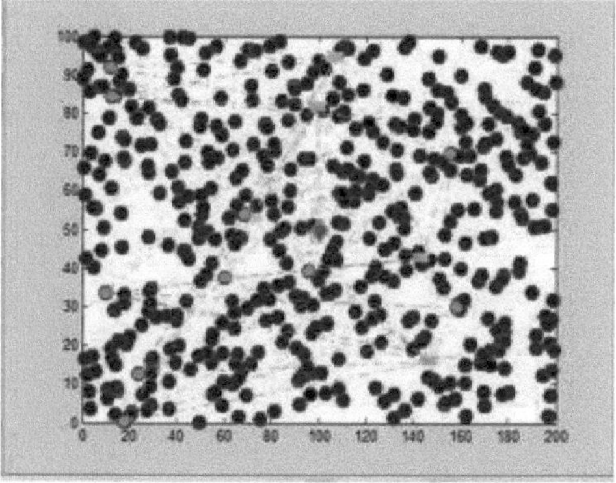

Fig. 5.4: Técnica proposta 1

A Fig. 5.4 demonstra que toda a rede é implantada com um número finito de nós sensores. Os chefes de agrupamento são selecionados na rede. Os chefes de agrupamento enviam os dados aos nós líderes, que os enviam aos nós gateway da rede

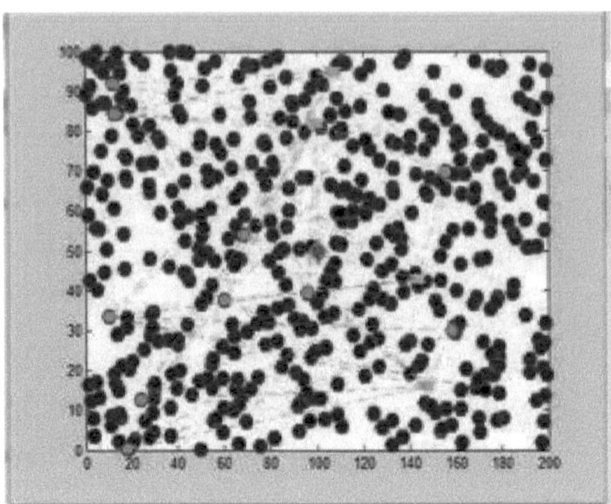

Fig. 5.5: Técnica proposta 2

A Fig. 5.5 mostra que toda a rede é implantada com um número finito de nós sensores. Os chefes de agrupamento são selecionados na rede. Os chefes de agrupamento enviam dados para os nós líderes, que por sua vez enviam dados para os nós gateway da rede

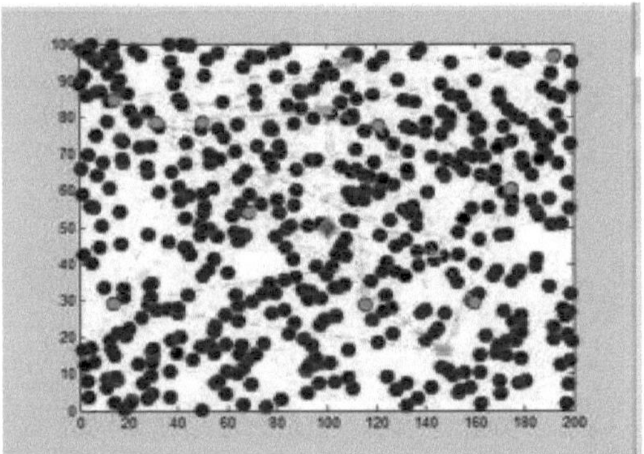

Fig. 5.6: Técnica proposta 3

A Fig. 5.6 mostra que toda a rede é implantada com um número finito de nós sensores. Os chefes de agrupamento são selecionados na rede. Os chefes de agrupamento enviam dados aos nós líderes, que por sua vez enviam dados aos nós gateway da rede

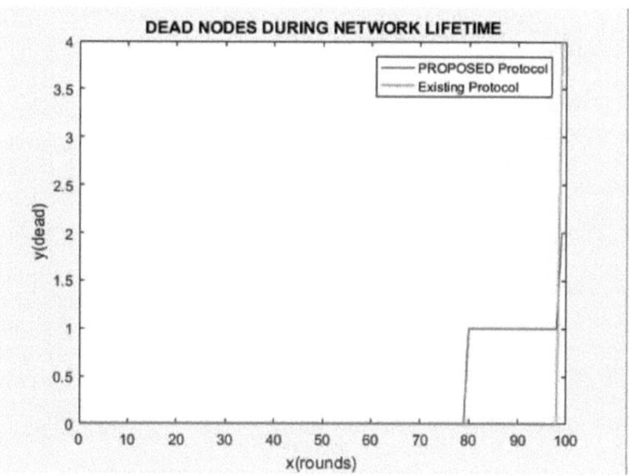

Fig 5.7: Número de nós mortos

A Fig. 5.7 representa a comparação entre o número de nós mortos no algoritmo proposto e no algoritmo existente. Verifica-se que o número de nós mortos no trabalho proposto é quatro e no algoritmo existente é dois.

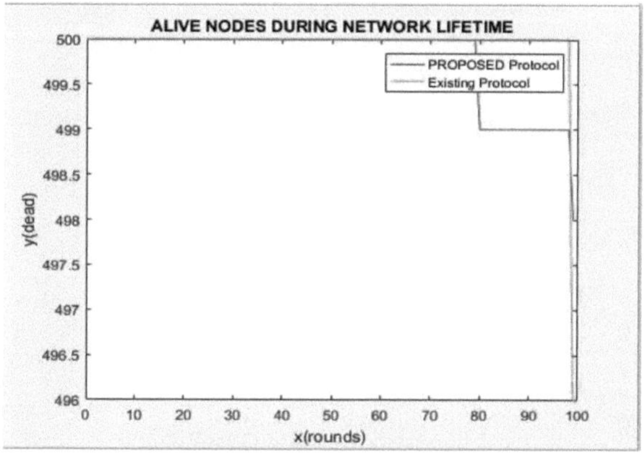

Fig 5.8: Número de nós vivos

A Fig. 5.8 ilustra que o número de nós activos no esquema existente é comparado com o esquema proposto. Verifica-se que o número de nós activos é superior no esquema proposto em comparação com o esquema existente

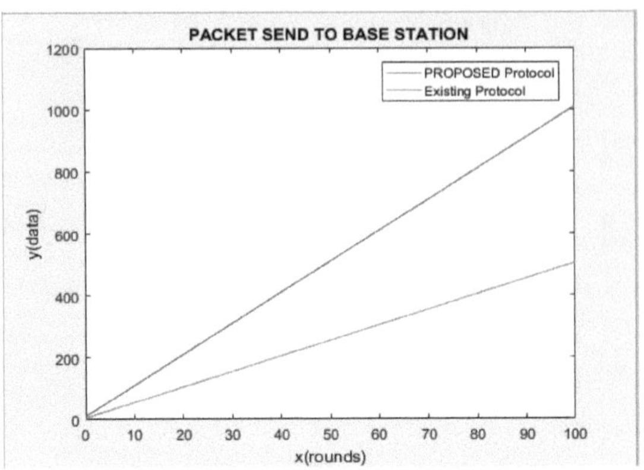

Fig. 5.9: Número de pacotes transmitidos

A Fig. 5.9 mostra que o número de pacotes transmitidos na técnica proposta é comparado com a técnica existente. Verifica-se que o número de pacotes transmitidos na técnica proposta é superior ao da técnica existente

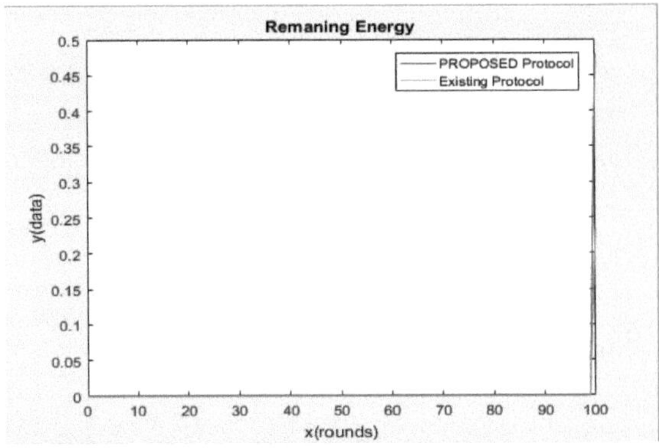

Fig. 5.10: Energia restante

A Fig. 5.10 mostra que a energia restante da técnica proposta é comparada com a da técnica existente. Verifica-se que a energia restante na técnica proposta é superior à da técnica existente

CAPÍTULO 6
CONCLUSÃO E TRABALHO FUTURO

6.1 Conclusão

Uma RSSF é uma rede que inclui um grande número de nós sensores que são utilizados de modo a que as informações importantes das regiões circundantes possam ser recolhidas e processadas. O tamanho do nó sensor disponível na rede é muito pequeno. Por conseguinte, as capacidades de processamento disponíveis e a bateria disponível são muito limitadas. A recolha de informações é efectuada a partir das zonas circundantes e a sua transmissão é feita posteriormente através da rede, de acordo com as alterações. Esta rede tem várias limitações relacionadas com a computação e o processamento. Os motes referem-se aos modos miniaturizados que recolhem dados das áreas circundantes. Neste trabalho de investigação, o protocolo WEMER é melhorado utilizando os nós de gateway. A cabeça do agrupamento envia informações para o nó líder, que as reencaminha para o nó líder. O nó líder envia então a informação para o nó gateway. O protocolo proposto é implementado em MATLAB e as simulações mostram uma melhoria de até 20% nos resultados

6.2 Trabalho futuro

Seguem-se as várias perspectivas futuras deste trabalho de investigação
1. O algoritmo proposto pode ser melhorado em comparação com outros algoritmos para aumentar o tempo de vida das RSSF
2. O algoritmo proposto pode ainda ser melhorado para aumentar a segurança das redes de sensores sem fios

REFERÊNCIAS

[1] G.S. Brar, Shalli Rani, Vinay Chopra, Rahul Malhotra, Houbing Song, S.H. Ahmed, "Energy Efficient Diretion Based PDORP Routing Protocol for WSN", IEEE Special Section On Green Communications And Networking for 5G Wireless, vol. 4, pp 3182-3194, 2016.

[2] T.H. Feiroz Khan, D. Sivakumar, "Performance of AODV, DSDV and DSR Protocols in Mobile Wireless Mesh Networks", IEEE 2nd International Conference on Current Trends in Engineering and Technology, Coimbatore, 2014, pp 397-399.

[3] Mihaela I. Chidean, Eduardo Morgado, Margarita Sanromán-Junquera, Julio Ramiro-Bargueño, Javier Ramos, e Antonio J. Caamaño, "Energy Efciency and Quality of Data Reconstruction Through Data-Coupled Clustering for Self-Organized Large-Scale WSNs," IEEE Sensors Journal, vol. 16, no. 12, pp 5010-5020, Jun 2016.

[4]Rohit Khajuria, Sumeet Gupta, "Energy optimization and lifetime enhancement techniques in wireless sensor networks: A Survey", Conferência Internacional do IEEE sobre Computação, Comunicação e Automação, 2015, pp. 396-402.

[5] J. Yick, B. Mukherjee, D. Ghosal, "Wireless sensor network survey". ComputerNetworks, vol. 52, n.º 12, pp. 2292-2330, agosto de 2008.

[6] Min, Rex, et al. "An architecture for a power-aware distributed microsensor node." Signal Processing Systems, IEEE, 2000.

[7] Schweizer Berberich, S. Vaihinger, e W. Göpel. "Characterisation of Food Freshness with Sensor Arrays." Sensors and Actuators B: Chemical 18.1, 282-290, 1994.

[8] E. Akylidij, Shankara Subramanium "Wireless Sensor Networks: A Survey", Computer Networks, vol. 38, no. 4, pp. 393-422, Mar 2002.

[9] Jamal N. Karaki, Ahmed Kamal," Routing Techniques in Wireless Sensor Networks: A Survey", IEEE Wireless Communications, vol. 11, pp. 6-28, Dez. 2004.

[10] A. Abbasi, M. Younis, "A survey on clustering algorithms for wireless sensor networks", em Elsevier Computer Networks Computer Communications, vol. 30, pp. 2826-2841, outubro de 2007.

[11] Sanjeev Saini, Ram Singh & V. K. Gupta," Analysis of Energy Efficient Routing Protocols in Wireless Sensor Networks, International Journal of Computer Science &Communication , vol. 1, no. 1, pp. 113-118, Jun 2010.

[12]W. Heinzelman, A. Chandrakasan e H. Balakrishnan, "Energy- Efficient Communication Protocol for Wireless Mi-crosensor Networks", Actas da 33ª Conferência Internacional do Hawaii sobre Ciências de Sistemas, janeiro de 2000.

[13] Rajni Meelu & Rohit Anand, " Performance Evaluation of Cluster- based Routing Protocols used in Heterogeneous Wireless Sensor Networks", International Journal of Information Technology and Knowledge Management, vol. 4, no. 4 pp. 227-231, Aug 2003.

[14] Shio Kumar Singh, M P Singh, and D K Singh," Routing Protocols in Wireless Sensor Networks -A Survey", International Journal of Computer Science & Engineering Survey (IJCSES), vol.1, no. 2, pp. 125-137, Nov 2010.

[15] Ming Liu, Jiannong Cao, Guihai Chen e Xiaomin Wang," An Energy-Aware Routing Protocol in Wireless Sensor Networks, in International Journal of Sensors, vol.9, no. 2, pp. 445-462, Mar 2009.

[16] Djallel Eddine Boubiche and AzeddineBilami ," HEEP (Hybrid Energy

Efficiency Protocol) based on chain clustering", International Journal on Sensor Networks, vol. 10, no. 6. pp. 101-118, Aug 2010.

[17] M. Merck "Detetor Theicecube: Uma grande rede de sensores no pólo sul". IEEE Pervasive Computing, vol. 4, n.º 6, pp. 43-47, março de 2009.

[18] Y.C Wang, W. Peng ; Y.Tseng. "Expedição equilibrada em termos de energia de sensores móveis numa rede híbrida de sensores sem fios". IEEE Transactions on Parallel Distributed Systems. vol. 21, n.º 1, pp. 1836-1850, agosto de 2010.

[19] B.K. Panigrahi, V. RavikumarPandi, "Bacterial foraging optimisation: Nelder-Mead hybrid algorithm for economic load dispatch", IET Generation Transmission Distribution, vol. 2, no. 4, pp. 556-565, setembro de 2009.

[20] H. Shen, Y.L. Zhu, X.M. Zhou, C. G. Chang, "Bacterial foraging optimization algorithm with particle swarm optimization strategy for global numerical optimization", World Summit on Genetic and Evolutionary Computation, Shanghai, China, vol. 26, no. 4, pp. 497-504, setembro de 2009.

[21] Ramin Yarinezhada, Amir Sarabi, "Reduzir o atraso e o consumo de energia em redes de sensores sem fios através da criação de uma infraestrutura de rede virtual e da utilização de um sumidouro móvel", Int. J. Electron. Communication. (AEÜ) vol.84, no. 5, pp. 144-152, jan 2018.

[22] Ram Murthy Garimella, Damodar Reddy Edla, Venkatanaresh babu Kuppili, "Projeto eficiente em termos energéticos da rede de sensores sem fios: Clustering", IEEE, 2018

[23] Deepa , Nishanth , Pradeep Kumar ATREY2, "Recolha de dados fiável e eficiente em termos energéticos em redes de sensores sem fios", Turkish Journal of Electrical Engineering & Computer Sciences, 2018

[24] Peijun Zhong e Feng Ruan , "Um algoritmo de encaminhamento baseado

em múltiplos sumidouros móveis com eficiência energética para redes de sensores sem fios", IOP Conference Series: Ciência e Engenharia de Materiais, 2018

[25] Hassan Oudani, Salahddine Krit, Mustapha Kabrane, Kaoutar Bandaoud, Mohamed Elaskri, Khaoula Karimi, Hicham Elbousty, Lahoucine Elmaimouni, "Energy Efficient in Wireless Sensor Networks Using Cluster-Based Approach Routing", International Journal of Sensors and Sensor Networks, vol. 84, no. 4, pp. 170-175, Aug 2017

[26] Nukhet Sazak, Ismail Erturk, Etem Koklukaya, Murat Cakiroglu, "Impacto da abordagem de determinação de nós activos para a eficiência energética na conceção do protocolo MAC de RSSF", IEEE, 2017

[27] Harshita Jain, Rekha Jain, Shekhar Sharma, Melhoria da eficiência energética utilizando o protocolo PDORP em RSSF", IEEE, 2017

[28] Vivek Kumar Singh, Rajesh Kumar, Subrata Sahana, "To Enhance the Reliability and Energy Efficiency of WSN using New Clustering Approach", Conferência Internacional sobre Computação, Comunicação e Automação, 2017

[29] Sheikh Tahir Bakhsh, Rayed AlGhamdi, Abdulrahman H. Altalhi, Sabeen Tahir e Muhammad Aman Sheikh, "Algoritmo de controlo de acesso ao meio híbrido adaptativo e eficiente do sono para redes de sensores sem fios da próxima geração" , EURASIP Journal on Wireless Communications and Networking, vol.84, no. 4, pp.1-15, Mar 2017.

[30] Fawaz Alassery, "A Virtual MIMO Transmission Scenarios for High Energy Efficiency Smart Wireless Sensor Networks over Rayleigh Flat Fading Channel", IEEE, 2017

[31] Mehdi Kalantari e Mark Shayman, "Energy Efficient Routing in Wireless Sensor Networks", IEEE, 2017

[32] Meirui Ren, Jianzhong Li, Longjiang Guo, Xiaokun Li, e Wenbin Fan, "Distributed Data Aggregation Scheduling in Multi-channel and Multi-power Wireless Sensor Networks", IEEE ACCESS, vol.99, no. 45, pp.1-9, Jun 2017.

[33] Imen Ben Arbi, FaouziDerbel e Florian Strakosch, "Forecasting Methods to Reduce Energy Consumption in WSN" (Métodos de previsão para reduzir o consumo de energia em RSSF), IEEE, 2017

[34] Mohamed Elshrkawey, Samiha M. Elsherif, M. ElsayedWahed, "An Enhancement Approach for Reducing the Energy Consumption in Wireless Sensor Networks", Journal of King Saud University - Computer and Information Sciences, vol. 54, no. 44, pp. 5-11, ago 2017.

[35] K. Sethu Selvam, Dr. S.P. Rajagopalan, "Security Analysis with respect to Wireless Sensor Network - Review", International Journal of Engineering and Computer Science, vol. 6 no. 4 pp. 5-12. março de 2017

[36] Preeti Rathore, Vivek Kumar, "Otimização e análise da eficiência energética do algoritmo do caminho mais curto em RSSF para falhas de nós", International Journal of Computer Applications (0975 - 8887), vol. 167, n.º 10, pp. 9-17, agosto de 2017

[37] Sameer, Saurabh Charaya, "Performance of SEP with Three Level of Heterogeneity over LEACH and SEP of WSN: A Review", IJCSMC, vol. 6, no. 5, pp.104 - 110, Aug 2017

[38] R. Sathish Kumar, R. Logeswari, N. Anitha Devi, S. Divya Bharathy, "Efficient Clustering using ECATCH Algorithm to Extend Network Lifetime in Wireless Sensor Networks", International Journal of Engineering Trends and Technology (IJETT) vol. 45 no. 9 pp. 115-125, Mar 2017

[39] Hayfa Ayadi, Ahmed Zouinkhi, Thierry Val, "Eficiência energética em RSSF: IEEE 802.15.4", IEEE, 2016

[40] Soumita Sen, Chandreyee Chowdhury Sarmistha Neogy, "Design of Cluster-Chain based WSN for Energy Efficiency", IEEE, 2016

[41] MohdZaki Shahabuddin, Halabi Hasbullah2 e Izzatdin A Aziz3,. "Estrutura preliminar do algoritmo de controlo de topologia em WSN para alcançar a eficiência energética do nó", IEEE, 2016

[42] Adelcio Biazi, César Marcon, Fauzi Shubeita, Letícia Poehls, Thais Webber, Fabian Vargas, "A Dynamic TDMA-Based Sleep Scheduling to Minimize WSN Energy Consumption", IEEE 13th International Conference on Networking, Sensing, and Control, 2016.

[43]Saleh Bouarafa, Rachid Saadane, Driss Aboutajdine, "Redução do consumo de energia em RSSF usando o Teorema de Pitágoras Generalizado", IEEE, 2016.

[44] Hector Kaschel, Johanna Ortega, "Eficiência energética em protocolos de encaminhamento aplicados a RSSF", IEEE, 2016

[45] Mohammed Abo-Zahhad, Mohammed Farrag, Abdelhay Ali, Osama Amin, "C20. Consumo de energia e análise de vida útil para redes de sensores sem fio", 32nd CONFERÊNCIA NACIONAL DE CIÊNCIA RÁDIO, 2015

PUBLICAÇÕES

1. Singh Ashish Kumar, Yasharth Shukla, Nagendra Kumar , Mrityunjay Rout, "Impacto de ART e DPC no ambiente de encaminhamento AODV para redes dinâmicas utilizando Qualnet 7.1", Conferência Internacional sobre Engenharia Eléctrica, Eletrónica e Informática (UPCON), pp. 1-6 IEEE, 2019
2. Yasharth Shukla, Nagendra Kumar". Energy Efficient Protocol in Wireless Sensor Network with Three Level Hierarchy",(em revisão)

Printed by Books on Demand GmbH, Norderstedt / Germany